天龙山
石窟艺术

赵省伟

主编

杨绣帆

译

北京日报出版社

图书在版编目（CIP）数据

天龙山石窟艺术 / 赵省伟主编；杨绣帆译.
北京：北京日报出版社,2025.1. -- (东洋镜).
ISBN 978-7-5477-5065-0

Ⅰ. K879.29
中国国家版本馆CIP数据核字第20244S1L63号

出版发行：北京日报出版社
地　　　址：北京市东城区东单三条8-16号东方广场东配楼四层
邮　　　编：100005
电　　　话：发行部: (010) 65255876
　　　　　　总编室: (010) 65252135
责任编辑：卢丹丹
特约编辑：黄忆 孙玥
印　　　刷：三河市九洲财鑫印刷有限公司
经　　　销：各地新华书店
版　　　次：2025年1月第1版
　　　　　　2025年1月第1次印刷
开　　　本：787毫米×1092毫米　　1/16
印　　　张：10
字　　　数：160千字
印　　　数：1—2000
定　　　价：118.00元

出版说明

本书由《天龙山石窟》《天龙山石佛集》两书内容构成，均为日本人拍摄的天龙山石窟影像。

《天龙山石窟》出版于1922年，书中包含天龙山石窟照片80张，为北京东华照相材料店店主外村太治郎、技师平田饶及学者田中俊逸考察天龙山石窟时所拍摄，有高楠顺次郎[1]、关野贞[2]、常盘大定[3]、望月信亨[4]作序，小野玄妙[5]作跋。

《天龙山石佛集》初版面世于1928年，为日本古董商山中定次郎所著，包含两篇序言及对天龙山石窟介绍，书中有风景人物照片8张、佛首等照片45张。

一、为了方便读者阅读，编者对图片进行了重新编号。第一章图片编号与《天龙山石窟》保持一致，第二章的佛首部分顺序与《天龙山石佛集》保持一致，原书图版1—45分别对应本书图89—133。

二、由于年代已久，部分图片褪色，颜色深浅不一，为了更好地呈现图片内容，保证印刷整齐精美，我们对图片色调做了统一处理。

三、外村太治郎与山中定次郎采用的石窟编号方式不同，本次出版根据如今通用方式，保留《天龙山石窟》一书编号，对山中定次郎提及的窟号进行了相应调整。

四、由于能力有限，书中个别人名、地名无法查出，皆采用音译并注明原文。

五、由于原作者所处立场、思考方式以及观察角度与我们不同，书中很多观点跟我们的认知有一定出入，尤其是山中定次郎在中国进行的古董贸易行为以及与天龙山石窟佛头被盗的关系、关野贞"发现"天龙山石窟的说法等。本次出版只为保留原文风貌，未对其中文字作删改，但这不代表我们赞同他们的观点，相信读者能够理性鉴别。

六、由于资料繁多，统筹出版过程中不免出现疏漏、错讹，恳请广大读者批评指正。

编者

---

[1]高楠顺次郎(1866—1945)，日本著名佛教学者，编纂过《大正新修大藏经》100卷。——编者注
[2]关野贞(1868—1935)，日本著名建筑史学家，自1910年起多次在中国和朝鲜半岛进行古建筑调查。——编者注
[3]常盘大定(1870—1945)，日本古建筑学家、佛教学者。——编者注
[4]望月信亨(1869—1948)，日本著名佛教学者，曾任日本大正大学校长。——编者注
[5]小野玄妙(1883—1939)，日本佛教美术学者、藏经学者。——编者注

目 录

第一章

天龙山石窟

天龍山石窟

内藤虎署

序一

　　佛光普照之处皆有洞窟寺院,洞窟寺院所在之处,必有诉说历史痕迹的雕塑艺术。其中,最不应该错过的便是印度、中国及中亚地区。在印度,光我探查过的洞窟就有十余处,每处洞窟数少则十几,多则上百,都有佛教绘画、雕刻和文字,展示着房舍、塔龛、佛像、法具的样式风格,向世人讲述着风俗、口承故事和信仰。但日本研究者们接触过的印度佛教石窟群,仅阿旃陀[①]一处。中亚沙漠地区的千佛洞、万佛洞,其规模之宏大也丝毫不逊色于印度的佛教石窟群。尽管日本的探险家们已经走过了龟兹古国[②]的千佛洞、敦煌千佛洞等处,但由于他们的考察记录没有公之于世,所以鲜少有人知道此事。

　　中国也有许多洞窟寺院,值得研究的也不少,就数量而言,中国的洞窟寺院恐怕是最多的,仅《事类统编》收录的便有六十处以上。凿山穿石、临溪傍谷、稍避雨露者有之;宛若云居仙洞、适宜禅念修行、远离尘世者亦有之。然而,中国洞窟在佛教史和艺术史上的研究价值,还很少被注意到。

　　自关野博士首次探寻天龙山石窟寺并报道其景象(1918),已经过去了五年。现在,我们能够凭借此书一览天龙山石窟的内外,无疑要感谢所有涉险参与研究的人员。

　　目前,唯有天龙山石窟及天龙山寺一处,是由日本学者完成了从洞窟寺院的发现、研究到公布成果的全过程。虽然我没有深入参与到此次研究中,但我衷心祝福他们的研究成果能为世人所知,不落人后,故作此序。

高楠顺次郎

---

①阿旃陀(ā zhān tuó)石窟,是印度最重要的佛教石窟,建于公元前2世纪-公元6世纪。——编者注
②古代西域大国之一,以延城(今中国新疆库车)为中心。——译者注

序二

大正七年（1918）六月，我第一次到访天龙山，确定了此处还存有大量北齐至隋唐时代的石窟。事前我曾向当地知县和群众问其存在与否，却没得到更多的信息，于是决定先根据通志和县志的记录前去查看。因此，天龙山石窟的发现对我来说完全是意外之喜。我改变行程夜宿山中，努力调查。此地地势艰险，我在不到两天的时间里，实地勘测、画示意图、拍摄照片，自然未能进行充分考察。拍照用的底片也只准备了一打，喜爱的场景未能尽数拍下，让我颇有种已入宝山却空手而归之感，真是遗憾之至。但没想到，此次调查一经公开，立刻在日本学界引起巨大反响。随后，常盘先生、太田先生①、木村先生②等诸位学者也前往天龙山进行考察。如此一来，天龙山石窟的研究价值终于在佛教史和艺术史上得到了认可，更令我欣喜的是，在小野玄妙的领导和望月信亨的赞助下，田中俊逸和外村太治郎得以对天龙山进行更全面细致的考察。原本天龙山石窟便位于高崖峭壁之上，难以靠近，想要对其进行彻底探查绝非易事，不仅要做好充足的准备，还要冒极大风险。两位在严寒时节前往此处，可以说是为学术研究赌上了生命。他们最终成功完成了此项艰难壮举，新发现了许多石窟，并且进入了我此前没能进入的石窟，拍下了约80张清晰的四切③照片，实在令人敬佩。现在能够公开这些照片，让世人知晓这千古秘境，我不胜欣喜。

中国除最为出名的敦煌石窟、云冈石窟和龙门石窟之外，还遍布大量的佛教石窟群，基本都是北魏至初唐的作品。其中，北齐至隋朝的几十年间正处于该时期的中段，有承上启下的意义，遗留下来的作品却少之又少。虽然天龙山石窟的规模不及敦煌、云冈和龙门等处，但与别处的石窟相比，不仅整体制作上乘，还留有大量别处难见的北齐时期代表性石窟，更不乏隋朝初期的优秀作品样本、初唐时期的雕刻作品，风格之精致华丽是其他地方难以比肩的。敦煌石窟和云冈石窟、龙门石窟已分别通过伯希和④和沙畹⑤的宣传，被世人所知，而天龙山石窟因田中和外村二人的付出，其真容得以被广泛公布于海内外，为世人的研究提供帮助，是学界的一大幸事。在我第一次探寻天龙山时，因时间紧张、准

①木下杢太郎（1885—1945），原名太田正雄，日本小说家、剧作家、画家，著有《云冈日录》《大同石佛寺》等。——译者注
②木村庄八（1893—1958），日本画家，著有《观天龙山石窟》。——译者注
③四切，为照片尺寸：254毫米×305毫米。——译者注
④伯希和（Paul Eugène Pelliot, 1878—1945），法国汉学家，曾盗窃敦煌千佛洞大量珍贵文物运往法国。——译者注
⑤埃玛纽埃尔-爱德华·沙畹（Emmanuel-èdouard Chavannes, 1865—1918），法国汉学家、欧洲汉学泰斗，著有《西突厥史料》《两汉时代之石画像》等。——译者注

备不足，没能详尽考察，这遗憾由此弥补，不单是我一个人的幸运。所以我想和世人一起，对两位学者表达自己的满腔敬意和感谢。

大正十一年(1922)八月

关野贞

序三

前年初冬（1920），我也曾探寻天龙山石窟。当时我游历于山西省的太原、交城和山东省的长清三地，那里有大量值得一去的佛教圣地。太原有悬瓮寺、童子寺、风峪、法华寺旧址和天龙寺；交城有玄中寺。我以悬瓮山山脚下的晋祠为中心，对这些旧址遗迹进行了一番考察。这段欣喜雀跃的旅程，现在还历历在目。

长久以来寂寂无闻的天龙山是由我的前辈关野博士首次勘查并公开的。作为后辈，我从他那里听闻了天龙山的地貌和现状，因而找寻此处不算难事。我去的一周前，恰逢太田正雄和木村庄八两位学者也刚去过。遗憾的是我事先不知道他们也会去，不然一定和他们一同前往了。找一个确定存在且已知路线的地方，并不会太费劲。我这次前往此偏远之地的首要目的是寻找石壁山玄中寺，然而该处无论是地理位置还是存在与否都尚不明确，我费了很大功夫。万幸的是最后找到了目的地，满足了我长年来的心愿。石壁山之外，当然还要去天龙山，而且根据文献记载，天龙山北侧的悬瓮山上应该还有一座悬瓮寺，再往北的龙山上还有一座童子寺，其附近又有法华寺和风峪的华严经石刻，都是历史悠久的遗迹。玄中寺和悬瓮寺建于北魏时期，童子寺、风峪华严经石刻建于北齐时期。而天龙山石窟的开凿始于北齐，历经隋代，延续至唐代，规模十分宏大。其中，尽管我倍加注意，却还是没能找到悬瓮寺和法华寺的踪迹。不过，从已成废墟的童子寺遗迹来看，悬瓮寺和法华寺现今或也已经不复存在了，我也不过是白费力气，只能无功而返。与之相对的，石壁山玄中寺和天龙山石窟能保存至今，对我们来说算是一种安慰。在探寻童子寺的途中，我偶然发现了一处道教石窟，对于我的研究意义重大。因为道教石窟数量甚少，而且此处石窟无论是开凿年代，还是人物、状态都十分完好，大大激发了我的研究兴趣。

天龙山石窟中，有两座北齐年间的石窟开凿在砂岩之上，但由于几乎无人到访此处，所以仍能维持旧貌。其中，树下静观、维摩诘居士和文殊菩萨对坐等佛教主题的造像，古朴的风格让人喜爱，与龙门石窟中相同题材的作品相比更为有趣。虽然有不少北魏至唐代的造像保存至今，但处于该时期中段的北齐至隋代年间的造像却相对较少。因此，从艺术的角度来看，我们也应承认天龙山石窟的价值。然而对我来说稍感遗憾的是，构成石窟建成背景的佛教史还不足够了解。

我在去年出版了《古贤之迹》一书（1921），较为详细地介绍了这些遗迹，此处不再赘言。天龙山石窟虽然留存的作品数量众多，但其中惨遭毁坏的也不在少数。同时，虽然石窟本身依然存在，但却几乎找不到通往石窟的路。关野博士所未能涉足的地方，我也同样无法到达，只能在下面抬头仰望，空留遗憾。我把这件事也记录在了《古贤之迹》中。

不过这次,经由外村先生的充足准备和大胆尝试,终于顺利地将天龙山石窟全貌展现在世人面前,满足了我的一丝期望。

此次承蒙邀约,回顾此前游行过往,以代其序。

常盘大定

序四

东洋文艺研究在世界范围内兴起的同时，与佛教相关的建筑、雕刻和绘画等诸多研究也日渐增多。日本国内自不必说，前往朝鲜、中国、爪哇国（今印度尼西亚爪哇岛一带）、印度等地的探险者也越来越多，这对于我们学界研究来说再好不过了。此次外村先生和田中先生前去考察中国山西省天龙山二十四座石窟一事，震惊了学界。可以说为佛教史和艺术史都提供了相当有用的研究材料。

近年来，越来越多的欧美学者开始投身东洋文艺研究。尤其是以英国的斯坦因[①]、法国的伯希和为代表的探险家们发现了敦煌石窟中的文物，德国的格伦威德尔[②]于龟兹古国，德国的勒柯克[③]于高昌（今新疆吐鲁番市）各自探索当地的遗址，陆续发表了珍贵的研究报告。与之相对的，日本人在探险方面的成就便稍显逊色。无论是地理位置、文字语言抑或是思想信仰方面，中日两国都存在共通之处。欧美人在这些方面自然无法与中日两国相提并论。尽管如此，探寻中国等地的日本学者却少之又少。我想这一方面是因为人们普遍不重视此类研究项目，另一方面是缺乏相应的后援储备。

龙门和大同两处的石窟如今已尽人皆知，天龙山二十四座石窟也因此次考察而公开，然而这仅仅是一部分。古籍佚书等的发现，也会给历史研究带来重大进展。今后，希望日本的学者能更多投身于此类研究。我听闻天龙山石窟的影像集已经出版，借此序文以歌颂二位学者功劳的同时，也简单陈述一下我对学界发展的心愿。

大正十一年（1922）八月初

望月信亨

[①]马尔克·奥莱尔·斯坦因（Marc Aurel Stein, 1862—1943），英国考古学家，曾窃走大量敦煌文物运回英国。——译者注

[②]阿尔伯特·格伦威德尔（Albert Grünwedel, 1856—1935），德国藏学家，曾将大量中国文物运回德国。——译者注

[③]阿尔伯特·冯·勒柯克（Albert von Le Coq, 1860—1930），德国探险家，对吐鲁番柏孜克里克千佛洞内的壁画进行了大规模切割。——译者注

图版

图1.东峰各窟全景

图2.第1窟外观

图3.第1窟北壁（正壁）释迦佛

图4.第1窟东壁主佛①及二胁侍菩萨

———

①原文为"尊名未详佛",后同。——译者注

图5.第1窟西壁主佛及二胁侍菩萨

图6.第2窟北壁（正壁）释迦佛

图7.第2窟东壁主佛及二胁侍菩萨

图8.第2窟西壁主佛

图9.第2窟西壁右胁侍菩萨

图10.第2窟东南角千佛、菩萨及供养人

图11.第2窟西南角千佛、菩萨及供养人

图12.第2窟藻井的莲花及南披的供养飞天

图13.第2窟藻井的莲花及北披的供养飞天

图14. 第2窟藻井东披的供养飞天

图15.第2窟藻井西披的供养飞天

图16.第2、第3窟之间的古碑

图17.第3窟北壁（正壁）释迦佛及二胁侍菩萨

图18.第3窟东壁主佛及二胁侍菩萨

图19.第3窟西壁主佛及二胁侍菩萨

图20.第3窟东北角供养人及居士

图21.第3窟西北角供养人及居士

图22.第3窟东南角维摩诘居士及供养人

图23.第3窟西南角文殊菩萨及供养人

图24.第3窟窟顶全貌

图25.第3窟藻井的莲花及南披飞天

图26.第3、第4窟之间外崖诸佛龛

图27.第4窟北壁（正壁）释迦佛及二胁侍弟子①

①原文为菩萨。——译者注

图28.第4窟^①东壁主佛

①实际应为第6窟东壁造像。——译者注

图29. 第4窟①东壁左胁侍菩萨

①实际应为第6窟东壁造像。——译者注

图30.第4窟西壁北角菩萨

图31.第5窟主佛及右胁侍菩萨

图32.第6窟入口处力士像

图33.第6窟东壁北侧菩萨像①

①实际应为第4窟东壁菩萨像。——译者注

图34.第8窟中心柱四方佛中西方阿弥陀佛及二胁侍

图35.第8窟北壁释迦佛

图36.第8窟北壁右胁侍菩萨及弟子

图37.第8窟东壁左胁侍菩萨及弟子

图38.第8窟北壁西侧二菩萨、弟子及童子

图39.西峰各窟全景

图40.第9窟大佛殿上层卢舍那大佛

图41.第9窟大佛台座东面小龛内伎乐供养人

图42.第9窟大佛台座西面小龛内伎乐供养人

图43.第9窟大佛台座前面小龛内鬼面

图44.第9窟胁侍菩萨首

图45.第9窟下层十一面观音及二胁侍菩萨

图46.第9窟左胁侍普贤菩萨

图47.第9窟右胁侍文殊菩萨

图48.第10窟东壁主像及左右胁侍的二菩萨、二弟子及力士

图49.第10窟西壁主像及右胁侍菩萨、弟子及力士

图50.第10窟南壁西侧力士

图51.第11窟外观

图52.第11窟西壁主佛及右胁侍菩萨①

①原文为"左胁侍菩萨"。——译者注

图53.第12、第13窟外崖壁

图54.第13窟主佛及左胁侍菩萨

图55.第14窟北壁（正壁）主佛及右胁侍菩萨

图56.第14窟右胁侍菩萨

图57.第14窟东壁二菩萨

图58.第14窟西壁二菩萨

图59.第15窟外观

图60.第16、第17窟外观

图61.第16窟入口力士像

图62.第16窟北壁（正壁）释迦佛、胁侍四菩萨及二弟子

图63.第16窟东壁主佛、胁侍二菩萨、二弟子及力士

图64.第16窟西壁主佛、胁侍二菩萨及二弟子

图65.第16窟顶部飞天（一）

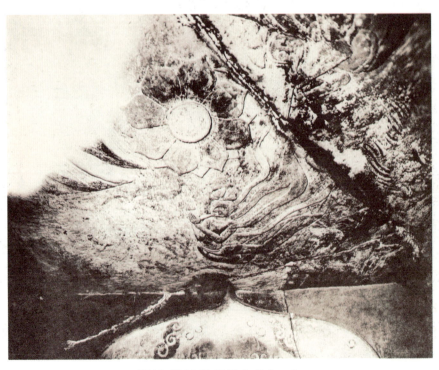

图66.第16窟顶部飞天（二）

图67.第17窟入口力士像

图68.第17窟北壁（正壁）释迦佛及左胁侍菩萨

图69.第17窟北壁右胁侍菩萨

图70.第17窟东壁主佛及左右胁侍四菩萨

图71.第17窟东壁主佛及右胁侍菩萨

图72.第17窟西壁主佛及左右胁侍四菩萨

图73.第17窟西壁左胁侍二菩萨及北壁右胁侍菩萨

图74.第18窟外观

图75.第18窟北壁（正壁）释迦佛及左右胁侍四菩萨

图76.第18窟北壁释迦佛及二胁侍菩萨

图77.第18窟东壁主佛及左右胁侍三菩萨

图78.第18窟东壁主佛及左胁侍菩萨

图79.第21窟北壁（正壁）释迦佛及左胁侍菩萨

图80.下关五窟全景

跋

自去年秋天我决意要探访五台山后，便一直收集路况等信息，做登山的准备。然而，年末十二月二十五日，外村太治郎到访我处听闻此事后表示，如果这样的话，他近期回北京，可去太原帮我打听一下。如果在太原打听不到，就去山脚下的五台县问个清楚再告诉我。在外村先生离开后，我又思索了一番，想他如果为我从太原赶赴五台县进行调查，恐怕要多付很多路费，如果只是打听一下就回去，实在浪费时间和精力。此前，关野博士和常盘博士公开了天龙山石窟的所在地，我想如果外村先生能顺便详细考察天龙山石窟并全面拍摄一番的话，就算是没有白跑一趟了。于是我把这个想法告诉了田中俊逸先生，他听过后答应了我的请求，决定追随外村先生的踪迹向西出发，协助其进行相关考察。这已是去年十二月三十日的事了。

随后，外村先生本打算新年伊始便赶赴太原，但途中因为各种障碍导致计划多次延期，他们在三月七日才最后完成了所有准备，前去太原。此外，除了外村先生和从东京赶去的田中先生，还有北京《顺天时报》照相部的技师平田饶先生，三人一同前往。一行人途经太原抵达天龙山，在那里停留了约一周的时间，克服种种困难，完成了对山中石窟全貌的调查和拍照。本书所收录的照片便是此次考察中拍摄的。天龙山石窟的学术价值之前就得到了各位学界前辈的广泛认可。况且我相信，只要看一眼这些照片，就会立刻明白其意义所在。不得不说，此次考察虽历经艰辛，但其研究成果和影像资料对我们学界来说贡献颇丰。

另外，外村先生也为我在太原进行了相关调查。据说从太原到五台县通有公共汽车，攀登难度好像也没有很高。因此我利用这个暑假，八月一日从东京出发，沿途参拜了奈良和朝鲜庆州附近的石佛，于八月十五日抵达北京。最开始我想直接前往五台山，但约好与我同行的外村先生要继续留在东京，暂不回家。于是在等他的期间，我去参观了云冈的石窟寺。然而，由于外村先生的日程安排实在难以调整，便由此前在天龙山考察中主要负责拍摄工作的平田先生代替他陪我一同前往。我们九月五日从北京出发，一直在五台山逗留到了九月二十日。

而我之所以想要前往五台山考察，主要是因为去年八月，文部省帝国美术院的项目涉及调查大分县的石佛，而五台山和这里有一些联系，我想前去看看能否找到相关的参考材料。另外，日本慈觉大师的《入唐求法巡礼行记》中的记录和陆地测量部所作地图上都有"石佛"这一地名，也引起了我的好奇。且正逢我母亲去世一年及妻子和长子去世七年的忌日，我也想沿途参拜佛教圣地，完成对他们的祭奠。虽然在这次圣地巡礼中，没能找寻到我所期望的研究资料，但能追随到日本灵仙三藏和法照禅师等先人的踪迹，已令我感慨万千。五台山被誉为万岭中心，为了到访其深处的神灵之境，我翻越多座崇山峻岭。这一过程中我每每感到难以坚持的时候，都是平田先生在一旁，跟我讲述他在天龙山石窟给各造像拍照时的见闻，鼓励我继续走下去。

　　如此一来，可以说外村先生一行人对此次天龙山石窟的考察从一开始就和我关系匪浅。为纪念这次考察的相关影像集的出版计划，按说在我参拜五台山回来前就应当完成一册，然而因为种种阻碍一直拖到了现在。近来，该天龙山影像集终于得以问世。然而我在出发前突然失去了长女，这份哀愁加上长途旅行的颠簸让我身心俱疲，难以执笔。因而在此请允许我的不敬，仅作跋文一篇附在本书末尾。该书有文学博士高楠顺次郎先生、望月信亨先生、工学博士关野贞先生、文学博士常盘大定先生、文学博士内藤虎次郎[1]先生作序及题字，并能精装出版，我不胜欣喜。另外，我还要对外村、田中、平田三人致以最深切的敬意，以及向投身于该书出版的金尾种次郎[2]先生、金刚义光先生致谢。

大正十一年(1922)十月一日
小野玄妙

---

①即内藤湖南(1866—1934)，日本历史学家及汉学家，本书中未见其所作序言。——译者注
②金尾种次郎(1879—1947)，日本出版商。——译者注

第二章

天龙山石佛集

序

大正七年，我前往中国游玩，在此期间考察了天龙山。天龙山本不被外世所知，我发现了这些北齐至隋唐年间的石窟并将其公之于世后，迅速引起了人们的关注。越来越多国内外学者开始前往此地研究，无不被精美绝妙的石刻技艺深深震撼，人们对天龙山石窟的惊叹赞美之声也越发高昂。山中定次郎先生乃好古之士，他曾前后两度探访天龙山。在天龙山石窟遭到破坏前，他把当时石窟内佛像的状态用相机记录了下来，共拍摄数百张照片，这实属难再得的最佳纪念品。不仅如此，山中定次郎先生日后每次见到流失的佛首、菩萨首，便会买下来，日积月累，已积攒了四十余个。本来，天龙山石窟不仅有其他地方少见的保存完好的北齐至隋代的石窟，其中保存的初唐雕刻精品，也在全中国数一数二。尤其天龙山石窟地处偏远，石窟又在常人难以接近的断崖之上，因此开凿以来，一直未被人为破坏，相对完整地保存了本来面目。然近年来，石窟不幸遭到损坏，此情此景，叫我痛心疾首。山中定次郎想将此珍贵遗迹介绍给世人，同时将其真容传于后世，便计划将他在石窟遇损前所做的详细记录和拍摄的照片相结合，再加上他所收集到的佛像残片的影像，一起印刷出版。他从很早就开始邀请我为他作序，我对石窟有着深厚的情感，看到它遭此不幸，也比一般人更多了几分难过。此次，听闻山中定次郎先生的壮举，想着天龙山石窟的真容得以永久流传，我不胜欣喜。因而以我几句拙言作为本书开篇序言。

昭和三年（1928）九月三十日

工学博士 关野贞

自序

　　佛教艺术崇高而优雅，玄妙而壮丽，令我想深入探究。大正十三年(1924)六月，我整顿行装，踏上了前往天龙山的旅途。北齐至隋唐年间是中国佛教美术的黄金时期，这期间大量的精品，正保存在天龙山石窟中。正如世人所知，天龙山石窟中雕刻有佛龛和佛像。只一眼，便可知这是一座佛教美术殿堂，憧憬已久的我，心中满溢着惊诧与欣喜，立刻掏出手电径直上前，仔仔细细地反复欣赏每一处设计，当时的感受非语言所能描述。因这份喜爱之情始终无法平息，昭和元年(1926)十月，我重游故地，再次探访天龙山，心情雀跃，仿佛是去见一位久未见面的故友。一走进我所敬仰的石窟，一排排佛像还是记忆里的模样欢迎着我。然而后来，我却发现有几尊之前好好的佛像，如今不知被谁打下了精美的头部，仅剩残存的躯干，孤苦伶仃地排列在一起，使人目不忍视。那一刻，我仿佛意外失去了一位挚友，黯然神伤。同时，我也着实痛恨能对如此杰作下此毒手的人。我带着悲伤的心情，怀着佛头可能滚落石窟某处的一线希望，四处找寻，然而无果而终，只能带着不舍离开此地。自那以后，我一直牵挂此事，为找寻丢失的佛首四处奔走。不知道是否我的诚心感动了上天，东找到一个，西寻到一个，我在不同的地方找到了心心念念的佛首。这便是让我最开心的事情了。说实话，找到一个丢失佛首时的快乐，胜过万两黄金。

　　如此这般持续至今，我已收集了几十个精美的佛首。在找寻佛首的过程中，我感慨颇多，为纪念这种喜悦之情，决定写下这篇《天龙山记》，记录下我的一部分研究，留作个人的一个纪念。

　　如今书稿已成，撰其梗概以代序言。

昭和三年(1928)七月

山中定次郎

天龙山记

佛教兴起至今两千余年，中国佛教过去的盛况非纸笔所能尽书，如今却呈现萧条的模样，渐渐衰颓，着实令人震惊。回顾这漫长的岁月不难发现，各个时期，人们都创造了众多优美的艺术品作为信仰的结晶，这些艺术品让我们清晰地认识到佛教信仰人群之广泛。因此，只要了解清楚不同时代与佛教艺术风格之间的关系，就可以根据风格推测出那个时代人们信仰的程度。尤其是天龙山石窟，上至北齐，下至隋唐，它建造于中国佛教信仰最鼎盛时期，可谓意义重大，自然也在学界备受关注。我曾先后于大正十三年（1923）六月和昭和元年（1926）两度到访天龙山石窟，其规模之大、样式之美令我赞叹不已，同时更确定了天龙山石窟的重要性。接下来我将简单介绍这两次探访的部分研究所得。

天龙山石窟位于中国山西省太原府[①]西南40公里、太原县[②]（过去的晋阳）以西15公里处。晋阳重为北齐别都，也是文化中心，结合当时的具体情况来看，天龙山石窟这般规模宏大的佛教遗址建在附近也是理所当然。想要抵达天龙山，要先取道风峪，行约12公里到达里天龙。或者经晋祠（现在的古唐村）登柳子峪，再行约15公里即可到达外天龙。天龙山位置大致如此，下面我将详细说明从北京前往天龙山的路线。

从北京去天龙山，走南下的京汉铁路最方便。特快列车仅在每周一和周四两天发车，晚上10时从北京出发，第二天早上5时抵达石家庄。普快列车则每天发车，一般晚上11时从北京出发，第二天早上7时4分就能到达石家庄。抵达石家庄后，从京汉铁路换乘正太铁路（今石太铁路）前往太原府。这条线路同样分普快和特快两种，乘坐特快的话，上午8时15分从石家庄出发，下午4时即可抵达太原；乘坐普快的话，上午9时15分从石家庄出发，下午6时即可抵达。也就是说，特快能节省约一小时的时间。同时，石家庄和太原两地都有分属正太铁路的旅店供游客们休息住宿。当然，沿途也有其他旅店，比如石家庄大桥头的晋通栈和太原府南门内的迎宾馆等，距离车站较近，十分方便。

接下来就是从太原府出发前往天龙山了。这两地之间没有铁路，所以只能选择公共汽车、轿车或者黄包车。公共汽车往往载满了远行的乘客，没有多余座位；轿车的话，因为路途险阻，往往耗时较长；对于只带了些简单行装的游客来说，黄包车最为方便。

从太原府向南20公里，即可抵太原县，从此处再向西登上风峪较为顺路，距离也最近，但路上很是不便，所以经过晋祠再爬柳子峪反而容易。然而，我前面提到的所有交通工具都只能把旅客送到晋祠，因此，从这里到天龙山约12公里的路程只能步行。天龙山交

---

① "太原府" 1912年废，其治所在今太原市阳曲县。——译者注
② 即今太原市晋源区。——译者注

通极其不便，是一片远离人烟的仙境。我从太原县坐黄包车，大概花3小时抵达晋祠，在中国人开的饭店吃过午饭后，雇用了一位兼做向导的挑夫，那情景和我在日本登山时雇人帮忙拿东西一样。准备就绪后从晋祠出发，山脚南行3公里左右就会到达牛家口村，牛家口村属于柳子峪的要塞之地，设有关门，村里产有大量煤炭、铁、明矾等矿物，村内很是富庶繁华。以煤矿矿长为首，诸多捐客、矿工等与矿山相关的从业者都住在这里。过了牛家口村，终于要向柳子峪进发了，接下来的路程开始爬升，各处都有煤炭、铁和明矾矿。不一会儿，经过两三处村落，走了七八公里后就会抵达窑头村。窑头村村名正来自此处丰富的明矾矿。从该村子再往前就是古代的天龙寺路，虽说这本应是通往柳子峪的正路，但因为峪中存在多处断崖，现如今这条路已经无法通行了。

因此，现在只能从此地向北出发，爬2公里山路，到达天龙山东南处的一座砖塔下。这附近白松成林、枝繁叶茂，是个风景绝佳的驻足地。眺望北方，左侧是圣寿寺，其后的高山上则是一排排石窟，十分壮观。此处正是堪称佛教美术一大殿堂的天龙山石窟。圣寿寺距离目前所处的砖塔不过数百米，寺庙建于明代，后世虽屡次加以修缮，目前仍处于荒废状态。

在此，我想引用部分中国有关天龙山的文章作为参考。[1]

在县西南三十里天龙山麓，北齐天保二年(551)建，有石室二十四龛，石佛四尊。北汉广运二年(975)汉主刘继元命臣下冶金修佛，金天会二年(1124)废之，至正二年(1342)重建，明正德初，僧道永建大佛殿高阁修佛。嘉靖二十五年(1546)废，西岩镌三龛。

圣寿寺

县西三十里，北齐皇建元年(560)建。有石室二十四，石佛四尊。元至正二年重建，明正德初，僧道永，建高阁修佛，嘉靖二十五年，西岩镌三龛，刺血书五十部。

根据这些文字记录，不难看出天龙山石窟确实起源于北齐年间。现存的遗址中也确实存在北齐造像，该起源因此可信。这些文章明确记载了后世对于天龙山石窟的重建，这种重建在中国不足为奇，完全改建的也不在少数。尤其是近代以来，粗暴的翻修工作对遗址造成的损坏更是令人无比担忧。前文中我所引用的文字记录中，"至正二年重建"的内容其实不是指重建了石窟，而是指元代时在石窟下方，即如今圣寿寺的后方修建了新的建筑，其遗址保存到了现在。现存的圣寿寺源于明万历八年(1580)的圣寿禅林，寺院中立有五代北汉末期的千佛楼碑，石碑背面记载了元至正二年重建字样。千佛楼碑出现在此，令人难以捉摸，想来是明代重建圣寿禅林时，从山上搬下来的。

---

①原书引文与《太原县志》所记文字略有出入，现已依《太原县志》更正。——译者注

后至金天会二年，受废佛风潮影响，石窟中部分佛像遭到破坏，受损处主要集中在头发、鼻、手等处。有记载称，明正德初，僧人道永建造了大佛殿，大佛殿内残存的香炉碎片上还刻着道永之名。其上的铭文显示这是当时北京琉璃厂生产的香炉，是为确切证据。明嘉靖二十五年，圣寿禅林毁于兵火。有记载称，当时的住持禅洪连在西南山中的黑龙湾北麓开凿了三个佛龛以避战乱，和我前文中引用的内容相符，故而可信度较高。现在该处被称作下关。关于天龙山石窟建造年代的记录，有北齐天保二年和北齐皇建元年两种说法。天保二年即551年，而皇建元年是560年，中间差了十年。[①]但我认为采用这两个时间点都不算大错。毕竟，规模如此庞大的石窟绝非朝夕之功，需经年累月的努力方可建成。

天龙山石窟的修建始于北齐，持续至隋唐年间，是中国佛教黄金时代的宝贵遗产，是古代工匠顶尖技艺的一大宝库。此外，由于修建年代跨度较大，其艺术作品的样式风格多种多样，让我十分惊喜。佛像佛龛的样式与大同云冈石窟那种风格较为统一的设计相比，变化更多，着实有趣，还有些他处难寻的初唐杰作。

东魏权臣高欢建立北齐，定都晋阳[②]，即如今太原县北二三公里处的古城营村。该处现在被称作古晋阳（现在的晋阳是指太原县城，建于明代），古城遗址留存至今。高欢平定附近一带后，其次子[③]即位，称文宣帝并改年号为天保。北齐天保三年（552），文宣帝率军征战东南，移都邺城[④]，即现在的河南省彰德府，晋阳随之改称别都，为南北交通要塞。同时，佛教的发展也愈加兴盛，开始寻求实现释迦牟尼的理想。最初，在晋阳以西15公里，也就是现在的天龙山上建造了避暑行宫，又在行宫下方开凿了两窟佛龛，这便是天龙山石窟最初的起源。当时所建寺院的名称如今已无从考证，但建寺后不久，似乎就有人在此祭拜龙王。后又开凿岩石，建成了天龙庙白龙池。现大佛殿下层普贤菩萨所乘之象的石台下方有青龙洞，西南方的山谷被称作黑龙湾，有黑龙洞。北齐天保七年（556），晋祠北面有大佛石刻的童子寺被称作龙山寺，或许受此影响，高于龙山寺的这间寺庙，自此便被称作天龙寺。

天龙山石窟中的北齐石窟，可说是集云冈石窟、龙门石窟中北魏艺术的大成者。毕竟天龙山中有五个石窟保存了北齐年间的创作，十分珍贵。截至隋代开皇四年（584），又新建两窟，此时的雕刻风格以质朴雄劲为主。唐代又在此新建数个石窟，雕刻技艺日臻成熟，石窟内保存了诸多他处难得一见的初唐珍品。丰富多彩的样式风格让天龙山石窟愈

①原文将天保二年及皇建元年的公历年份分别计成了1035年、1045年。——译者注
②高欢为北齐政权的奠基人，在晋阳建立"霸府"，而非定都晋阳。——译者注
③原文为长子。——译者注
④北齐建立之初即定都邺城。——译者注

加出名，为世人所重。此外，唐时便已有文章称该处为天龙山，也就是说在那之前，甚至可能是在初创之时，此山便叫作天龙山，山上的寺庙便叫作天龙寺。无论是哪种情况，天龙山应该是自古流传下来的名称无疑。

长久以来，天龙山石窟被世人遗忘，因近年关野贞博士的发现和探查又再度为世人所知。关野博士的功劳之大无需多言。而且，说天龙山石窟是中国国内佛教发展鼎盛时期留存下来的独一无二的遗迹，也是名副其实。接下来我将具体说明石窟中各个窟院的现状和我所做的部分研究。

第1窟

该石窟前方原有两根支撑着横梁的石柱，现已不存，只剩柱顶部分。入口两侧曾有两尊力士像，现也不见踪迹，实为可惜。石柱上方横梁的中央和左右两端各有一个一斗三升的斗拱，与云冈石窟的三角形拱相比，可以看出其设计多采用曲线；若将其视作文字，则仿若"天"字，不知是否包含了一些与"天龙"相关的含义。入口右侧立着刻有螭首的石柱，但文字已风化殆尽，字体漫漶不清。

通过石门进入石窟内部，为约11尺①见方的内室。左右两壁、后壁均设有壁龛，每个壁龛安置三尊佛像。从佛像的样式到石窟内外的其他雕刻均符合北齐风格。与西端隋代开皇四年的窟相比，在形式风格上稍有相似，由此推断，该窟应该是在那之前开凿的。

第2窟

该石窟也建于北齐。入口处有着薄浮雕罗汉像，左右相对，颇有意思。与第1窟相比，第2窟稍小，窟内空间约8尺见方。后壁正面的北龛供奉了三尊佛像，中央的佛像坐于方形高台，面容和衣襟风格强健，为北齐风格。此尊佛像周边落有垂帐，两侧莲台上立胁侍菩萨，然菩萨首均遭破坏，现已毫无踪迹，着实可惜。

东龛安置了三尊佛像，中央的佛像坐在台座上，垂足而坐，呈倚坐之姿。台座下方为莲花座。左侧是线刻的信士合掌图，右侧也是类似图案的毛雕刻像。

西龛中央的佛像同样垂足而坐，和东龛的佛像一样，坐在莲台上。佛首同样遭到破坏，不知所终。从其残存的后头部来看，估计盗窃者应该是用凶器破坏了佛像的脸部后盗走的。该尊主佛的两侧立着胁侍菩萨。

洞顶上的装饰同样值得注意，其飞天搭配莲花的设计是不可多得的佳作。

---

①行文所用"尺"均为日本度量单位，日本1尺≈30.3厘米，1寸≈3.03厘米，1丈≈3.03米。——译者注

第3窟

该窟和第2窟的样式风格基本一致,整体极为相似。北壁主佛的温雅形貌和衣纹都可以称得上是北齐时期的代表作。东龛刻有浮雕的文殊菩萨及下方供养人。西壁同样是一尊壁雕的维摩诘居士像,坐于垂帐中;上方是一幅菩萨树下静观图,下方同样是供养人。此外,西北壁上还有罗汉的浮雕像,雕像上衣褶线条的灵动引人注意,是很好的参考材料。

该石窟洞口样式为云冈一系,只在连通石窟内外的柱头装饰上稍有不同。

第2窟和第3窟中间的壁面上有石碑存在过的痕迹,目前却只有上方的雕刻和长方形的石面残存。可惜石碑被整个盗走,没能留下文字记录。如若该石碑能保存到现在,就可以知道石窟的确切开凿年代了。对此,我心中的遗憾之情难以言表。

上方第1、第2窟[1]

两窟建于上层,只有一些连佛龛都称不上的雕刻痕迹。这里是高欢避暑宫,古籍记载的斋主宫。

上方第3窟

唐代石窟。

上方第4窟

唐代石窟。

第4窟

该石窟也是唐代所建,面积和深度仅有数尺。但从其丰富华丽的风格和衣褶的样式来看,无疑是初唐时期的创作。北壁佛龛中立有一尊佛像,两侧各立有一尊菩萨像。东西两壁的莲座上,两尊菩萨相对而坐,其外侧同有相对而立的菩萨。

第5窟

该石窟相比第4窟面积稍小,北壁有佛像结跏趺坐于方形宝座之上,双手结弥陀定印。东壁有两尊菩萨像,损毁较为严重。西壁只有一尊菩萨坐于莲台之上,右侧胸部以下均遭破坏,但依稀可以从残存的痕迹中窥见旧容。莲花座几乎磨损殆尽,连纹样都已不复存在,只能看出刻有莲花的样式。应该是建造于初唐时期。

第6窟

该石窟与第5窟一样,均为初唐产物,石窟前立有气魄雄伟的力士像。面朝门看,左手

---

[1]天龙山石窟东峰有上下两层,现通行将上方四个石窟单独编号。——译者注

边的力士像保存状态完好,雕刻手法精致巧妙,在同类型立像中可谓杰作。北壁中央方形宝座上供奉着一尊佛像,两侧有两尊罗汉像。东壁中央亦有佛像,两侧各有一尊胁侍菩萨像。西壁雕像的配置除中央的佛像坐于圆形台座以外,与东壁无异。该石窟整体的风格虽仍属于初唐时期,但已经出现了些许变化。

当然,这也有可能是工匠个人风格差异导致的结果。但无论如何,该石窟都是初唐的上乘之作。

第7窟

该石窟面积极小,无论是深度、宽度还是高度都不足4尺。但从残存的雕像可以看出应当是初唐作品。北壁中央的佛像坐在方形宝座上,两尊罗汉像立于两侧。东西两壁各有一尊菩萨像。虽然是个小型石窟,但足以供人欣赏和品味初唐风格的创作了。

第8窟

该石窟建于隋代。窟内立有石碑,可以确定开凿的具体年代,因而十分重要。据石碑记载,该石窟建于隋开皇四年,即隋文帝在位期间,公元584年,距今已有1340余年的历史。像这样时间如此确定的隋初作品不可多得,可以此为标准大致衡量其他石窟以及雕像的年代,珍贵至极。尤其该窟规模庞大,值得注意。不得不说,其中许多雕像保留了北齐的代表性风格,更是宝贵的资料。

第8窟长宽均达14尺以上,石碑刻在前廊东壁的墙壁上,虽然大半部分已经磨损殆尽,但幸运的是建造年代清晰地保留了下来。碑文末尾刻有“甲辰年”,指的便是隋开皇四年。此外,该石窟是天龙山石窟中唯一的中心塔柱窟,窟内中央有边长1间①的四方形塔柱,塔柱的四面刻有壁龛安放佛像及罗汉像。塔柱前方供奉有主佛,主佛结跏趺坐于莲台之上,双手遗失;身后有背光,垂帐从上方包围下来。

第9窟

该窟是天龙山石窟中规模最大者,分上下两层。下层约35尺宽,17尺深;上层稍小一些,约30尺宽。该窟应建于北齐年间。上层正面安放着一尊大佛,垂足坐于方形宝座之上。佛像风格气势雄厚,未能免于后世修补;像高20余尺,是天龙山石窟中规格最大的佛像。

下层并置三尊佛像。中间为一高16余尺的十一面观音,身形巨大,头戴宝冠,宝冠上刻十个头面,故为十一面观音。十一面观音的右胁侍是文殊菩萨像,趺坐于狮子坐骑之

---

①1间≈1.8米。——译者注

上；左胁侍是普贤菩萨,坐于大象坐骑之上。下层北壁刻莲花中化生的千佛,古典而优雅。普贤菩萨像下方开有一洞,根据入口处的墙壁上刻下的铭文判断,此处应该是当初青龙洞的所在地,现如今已没有水源了。

该石窟外侧被木构楼阁保护着,现存楼阁是僧人道永于明正德初所修建。在那个年代,为保留旧貌,人们应当对雕像进行了一些修动吧。现在大佛台座左侧有一残缺头部,从其样式、大小等方面来看,应该是附属于大佛的雕像,可能建造之初,大佛两侧立有两尊胁侍菩萨,不过与下层的三尊佛像相比,相去甚远。或者说,看下层佛像的样式风格,应该是更晚些时候的作品。也有可能此处佛像在初唐时期有所翻修,所以有了那个时代的风格特点。无论如何,该石窟都是天龙山石窟中值得敬仰的一处伟大奇观。大佛殿的建造年代是北齐皇建元年。

第10窟

该石窟可以看作是第9窟的附属石窟,所以应该与大佛殿是同一时期的产物。但石窟外侧的样式风格算是北齐年代的石窟中最为时兴的,檐下装饰是掏空挖透的透雕,在天龙山石窟中独一无二。入口处两侧立有力士像,这是北齐风格的代表性作品。左右两侧各有一神将的立像。

石窟北壁有一佛龛,两尊佛像并坐于此,这是该石窟的一大特色。东壁的佛龛中有一佛像交脚倚坐,即两腿下垂相交于座前。佛像两侧分别立有胁侍罗汉和胁侍菩萨各两尊。

西壁上也以相同形式安置着佛像、菩萨和罗汉。佛像结跏趺坐,稍有异趣。该石窟中的胁侍罗汉头戴宝冠,壁龛外配有力士,与云冈石窟中常见的构造相似。

大佛殿建于北齐皇建元年,与西峰第16窟同属一个时代。第16窟内的武人和八角立柱设计与晋祠北面的童子寺(始建于北齐天保七年,即556年)样式相同,又有大同一系的二佛并坐、佛龛并列,应该是在大佛殿建成以前的作品。自东峰建于天保二年的第2、第3窟向西,应该就是天保年间的天龙寺。至于第16窟是建成于天保550—559年间还是皇建560—561年间,虽然石窟中留有石室铭的遗迹,但由于风化损毁,字迹已经无法阅读,也没有其他可证年代的古迹,无法断明年代。但我觉得,此窟和云冈中峰大和窟佛龛一样,有其他北齐石窟中未见的特征,展现了作者不一样的创作倾向。

该石窟的内部宽1丈有余,深约有1尺。

第11窟

此窟极小,面阔3尺,窟内边长不超过4尺,洞顶高度不足5尺。应视为初唐石窟。该石窟规模虽小,然从其作品之精妙程度来看,在整个天龙山石窟中数一数二。主佛交脚倚坐于北壁的佛窟中,高2尺5寸,两侧的胁侍菩萨立像高1尺5寸。雕像虽小,却是唐代少见的杰作,是十分珍贵的研究材料。同时,该石窟突出于高耸的断崖之上,一般人难以靠近。

第12窟

该石窟同样面积甚小,位于断崖之上,难以进入。石窟前有两座佛塔,周围刻有多个小佛龛和三层塔。窟内狭小,看起来与第11窟大同小异。北、东、西三壁各自供奉了三尊佛像。北壁中间的主佛是极佳的唐代作品,西壁左胁侍菩萨也完美展现了初唐时期丰满华丽的雕刻技法。初唐时期的作品在此汇聚一堂,是研究者们绝不能错过的宝藏之地。然而,石窟内的诸多佛像和菩萨像都遭到破坏,着实可惜。

第12窟和第14窟中间有一个勉强算是具备了石窟样式的小窟,深度不足一尺,壁面刻有一个小佛龛,里面配有三尊唐代的佛像,均雕刻在岩石上。

第14窟

该石窟是最能凸显唐代雕刻技艺之优秀的作品,备受瞩目,更为重要的是石窟中还留存了部分制作年号和作者铭文。我在此记下部分,以供参考。

大唐天德[①]元年(943)五月吉日

惠园　惠亮　惠净

虽然并不能确定该石窟究竟是否开凿于此时期,但石窟内各作品的雕刻风格展现了大唐全盛时期的绝妙技巧,可以断定是唐代的作品。此外,石窟内南壁、门西侧刻有关于后世进行重修的记录。

大宋嘉祐五年(1060)五月五日接损修佛

除此之外,没有发现其他石室铭。

北、东、西三壁上分别安置着三尊佛像,胁侍菩萨都是立像之姿。其作品的优秀之处正如我上文所说,在此不再赘述。该石窟西面有一片开阔的平地,根据残留的痕迹判断可能是过去大寺院里的楼阁或者是当年所建的天龙寺。

第15窟

窟前洞口两侧配有力士像,洞口上方中央刻有一飞天,右侧有石室铭、石柱存在过的痕迹,可惜现已不存。若能保存至今,应该能从中推测出其建造年代。

石窟内部的造像与第14窟中的样式基本相同,但因雨水侵蚀,现已全毁,无一幸存。从第14窟和第15窟之间所刻铭文来看,这两个石窟应该是开凿于同一年代。第14窟内保

---

① 此年号实为五代十国时期的闽国于943—945年使用的年号,非大唐。——译者注

存的作品十分优秀，但是石窟前却没有任何装饰；与之相对的，第15窟面积相对较小却配备了大型石窟才有的装饰，说明第15窟或许是当时最具代表性的寺院。开凿当初应有三个壁龛，各安置三尊佛像，现在已全部消失不见。

第16窟

该石窟位于20余尺的断崖之上，想要走近观察稍显困难。石窟前的窟檐下有八角立柱连接横梁，其样式风格和第2、第3窟大同小异，入口两侧伫立着两尊力士像。左侧刻有石室铭，但已磨损风化，看不清字样，因而也失去了辨别其建造年代的唯一资料。石窟内部较为宽敞，约10尺见方，窟顶高度约有10尺。东、西、北三壁皆刻有佛龛，其样式格外引人瞩目，即各个佛龛上都雕有八角立柱支撑的莲花拱，上端刻有龙首。北壁安置了七尊佛像，主佛释迦牟尼像结跏趺坐于方形宝座之上，从螺发、面容到衣襟的雕刻风格都看得出是北齐鼎盛时期的作品。主佛两侧立有罗汉像，罗汉像外侧又各立有头戴宝冠的菩萨像。佛龛外，八角立柱两侧有双手捧莲的胁侍菩萨像，踏莲台而立。东西两壁各有五尊雕像，均在龛内，东壁窟中的主佛结跏趺坐于方形宝座之上，两侧配有罗汉和菩萨各两尊。西壁配置与东壁相同，唯一的区别在于佛像坐于圆形的莲花宝座之上，且佛像背面雕刻精致华美。罗汉及菩萨像皆是双手合十，风格古朴而优雅。

此外，窟内佛像及窟顶还保留了些许彩色，有后世修补的痕迹。窟顶中心为莲花浮雕，周围刻有三个飞天图案。该石窟处于艰险地段，因此得以保存完整。窟内诸多作品都代表了北齐鼎盛时期的艺术水平，古朴而有质感的雕刻风格令人不禁感怀那个时代的光景。

第17窟

该石窟靠着第16窟，高度稍低，位于断崖前高30尺的地方，地势险峻。窟前有廊，两侧立有风格雄劲、举起单手的力士像。窟口上方刻有莲花拱，是明显的唐代风格。

该石窟在天龙山石窟中可排第二，包含了大量初唐时期的精美造像。北壁安置着三尊佛像，中央主佛结跏趺坐于方形宝座之上，左右两侧各有一尊半跏趺坐的菩萨坐像。东壁供奉着五尊佛像，主佛倚坐于方形宝座，双脚踏于小莲台之上。左右各有一尊菩萨立于莲台之上，菩萨两侧还有伸出单手的菩萨像，半跏趺坐在莲台之上。西壁和东壁配置相同，只是胁侍菩萨为束发造型，有高高耸起的波纹；主佛均为M形的波状卷发。与东、北两壁的作品相比，西壁稍显逊色，但从佛像的形像和衣装来看，应该是初唐时期的作品。

该石窟内部约2间见方，窟顶高约8尺，规模较大。

第18窟

从第17窟起向西走约50间即可到达第18窟。该石窟位于10尺之高的断崖上，窟前一部分已经断落。窟前没有力士像，东壁有主佛结跏趺坐于写实的布纹之上，两侧是半跏趺坐的菩萨像，菩萨像两侧还立有两尊菩萨，共五尊雕像。北壁同样也是五尊雕像，其中主佛坐于宝座上，两侧的胁侍菩萨为立像之姿，其两侧又各自安置了一尊半跏趺坐的菩萨像。该石窟东、北两壁各供奉了五尊雕像，唯有西壁只供奉了三尊。西壁的主佛结跏趺坐于宝座之上，大小与东、北二壁主佛相似；两侧的胁侍菩萨乃半跏趺坐之姿，比起东、北二壁体积稍大，且只有西壁的佛像背面刻有曲线。

该石窟的样式风格与第17窟有相似之处，但是在雕刻技艺方面有了很大进步。从年代来看应该建成于第17窟之后，在天龙山中的唐代石窟里实属佳作，大抵是初唐时期的作品。和其他石窟一样，同一石窟不同壁上的造像，概因每壁的制作者不同，呈现出不同的创作风格和技法。该石窟中东壁的雕像便是上乘之作，其作品丰润的面容、衣装都让我爱不忍释。

该石窟旁边的崖壁上有一处大型寺院的旧址，从其位置和现状来推测，应该是唐代鼎盛时期的天龙寺遗迹。

第19窟

该石窟是位于第18窟大岩石上的朝西的小石窟，受雨水侵蚀风化严重，不过内部也保留了一些雕像。根据样式风格来看，应该和第18窟中的作品同属唐代。窟内极其狭小，但其作品之优秀不容忽视。北壁有一尊主佛，靠近窟口侧还有一尊胁侍菩萨。东壁有一尊主佛和两尊弟子像。南壁也只有一尊主佛，与北壁相同。窟内空间约4尺见方，几乎称不上是个石窟，石窟的前方和上方风化严重，多处损坏。

第20窟

第19窟北侧间隔6尺处便是第20窟，受雨水浸湿，几乎被土石全部掩埋，是经由我考察而发现的。该石窟面朝南，窟口3尺宽，窟内高约4尺，面积约10尺[①]。入口处没有任何装饰性雕刻。石窟内呈半圆形，北壁的主佛并脚倚坐，左右各立一尊罗汉像；东壁主佛与北壁形态一致，左侧有一菩萨立像，右侧驭狮的应为文殊菩萨；面朝西壁主佛，驭象的普贤菩萨立于右侧，胁侍菩萨立左侧，共计九尊。这些造像受雨水和沙石的影响，这些佛像石刻已几近全毁，难以看出原貌。此窟从整体的样式风格来看也属于相当优秀的作品，只是和上一窟相比难免逊色几分。各壁中造像稍有不同，可以推测出该石窟也是由多名工匠共同建造的。

然而，也无法强行想象其过去的完好面貌而妄下定论。该石窟建于唐代。

---

①此处应为作者笔误。——译者注

第21窟

该石窟是天龙山石窟中最大的唐代石窟。窟前没有任何雕刻造像,约有2间半见方。北壁的造像最大,其主佛结跏趺坐于莲座之上,身后有背光,将写实主义的技法表现得淋漓尽致。该造像的双手虽然被砍毁,但万幸仍基本维持了旧貌。因双手被毁,该佛像所结手印已不得而知,据我估计应该是结了转法轮印的释迦牟尼如来佛像。其两侧的胁侍菩萨亦坐于莲台之上,雕刻风格华丽至极,与主佛共同构成了初唐时期的珍品佳作。

东壁中央的窟壁遭到破坏,主佛的座位消失得无影无踪,左右两侧的胁侍菩萨立于莲座之上,损毁严重,但其残留的身体动作和衣装样式,已经足够品味唐代石窟的精妙之处了。西壁也遭到破坏,且受雨水侵蚀风化严重,几乎什么都不剩。只有南侧胁侍菩萨残存,虽身体已风化完全,但仍保留了部分头部。与东壁的造像相比,感觉制作年代更晚一些。此外,值得注意的是西壁右侧胁侍菩萨旁的墙壁上刻有文字,记载了制作年代:

中镌石功德前摄忻州司马

内造石像罗汉一十六

时大晋天福六年(941)四月

该铭文显示,后晋天福六年四月六日,该石窟内新造了十六尊罗汉像。然而现在洞内没留下任何罗汉像存在过的痕迹,估计是后来被搬去别处了。铭文结尾处刻有天龙山的字样,可见其当时是被称作天龙寺的。

山中定次郎

图版

图81.天龙山全景（一）

图82.天龙山全景（二）

图83.窑头村

图84.天龙山圣寿寺客房前

图85.自天龙山东峰西端隋窟前望西峰

图86.天龙山西峰第12窟前

图87.天龙山西峰第16、第17窟前

图88.登天龙山西峰第18窟

图89.观世音菩萨首（宋）

图90.菩萨首（宋）

图91.菩萨首（唐）

图92.菩萨首（唐）

图93.佛首（唐）

图94.佛首（唐）

图95.菩萨首(隋)

图96.菩萨首（隋）

图97.菩萨首（唐）

图98.佛首（隋）

图99.佛首（唐）

图100.佛首（唐）

图101.佛首（六朝）

图102.菩萨首（唐）

图103.菩萨首（六朝）

图104.菩萨首（唐）

图105.佛首（六朝）

图106.佛首（唐）

图107.菩萨首（唐）

图108.佛首（唐）

图109.佛首（唐）

图110.力士首（唐）

图111.菩萨首(唐)

图112.罗汉首（唐）

图113.菩萨首（六朝）

图114.佛首（唐）

图115.菩萨首（唐）

图116.菩萨首（唐）

图117.菩萨首（唐）

图118.力士首（唐）

图119.力士首（唐）

图120.佛首（唐）

图121.佛首（唐）

图122.佛首（唐）

图123.佛首（六朝）

图124.菩萨首（六朝）

图125.菩萨首（唐）

图126.菩萨首（唐）

图127.菩萨首（唐）

图128.菩萨首（六朝）

图129.菩萨首（唐）

图130.佛首（六朝）

图131.佛手（唐）

图132.佛手（唐）

图133.佛足（唐）

赵省伟，"西洋镜""东洋镜""遗失在西方的中国史"系列丛书主编。厦门大学历史系毕业，自2011年起专注于中国历史影像的收藏和出版，藏有海量中国主题的日本、法国、德国报纸和书籍。

杨绣帆，北京外国语大学日语学院毕业，现就读于北京语言大学高级翻译学院日语口译专业。

本书为日本人拍摄的天龙山石窟影像，由《天龙山石窟》《天龙山石佛集》两书内容构成，共包含老照片133张。20世纪20年代，天龙山石窟被世人广泛所知后，很快遭到盗凿。《天龙山石窟》《天龙山石佛集》是天龙山石窟盗凿前后的珍贵图像记录，有关野贞、常盘大定等人所作序言，以及山中定次郎撰写的《天龙山记》。